塗り壁のある風景

文・写真　小林澄夫

左官の手になる塗り壁は生きている。生きているものには熱がある。熱あるものはまわりを温かくする。温かく熱あるものは、呼吸し、移り変わっていく。移りゆくものは景色となる。移り変わる景色は、風景を温かく生きたものにする。

目次

表紙写真／小林澄夫　煙草の乾燥小屋（栃木・益子）
表紙デザイン／鈴木佳代子

マスカットぶどうの温室（岡山・吉備）

真の巻

風景の発見

土塀の表情（奈良・当麻寺）

地

土、砂、石、草、木、虫、魚、鳥、獣……森羅万象

左官の手になる塗り壁は、自然の大地から生まれる。土、砂、石、草、木、虫、魚、鳥、獣……地にあるものすべてが塗り壁の素材となる。土は水で捏ねられ、石は焼かれ、海藻は煮られ、草木は苆や木舞になり、虫魚鳥獣は糊となり、にかわとなる。自然の素材から生まれた塗り壁は、自然の風景に溶け込む有機的なエレメントになる。

水

水和生成
カオスからコスモスへ

左官の手になる塗り壁は、水和によって生まれる。土、砂、苆、セメント、石灰、糊は水で混ぜられ、水和し、乾燥し、塗り壁が形成される。水を通ったものは水を呼び、風景にうるおいを与えてくれる。

火

火を通って石は石灰に、砂鉄は鉄に、海藻は糊に

左官の手になる塗り壁は、熱から生まれる。左官のみずからの身体のエネルギーによって生まれた塗り壁は、手跡を残す。手跡の残る塗り壁は温かい。温かく熱あるものは熱を呼び、塗り壁のある風景は温かくひとの心をおだやかにする。

風

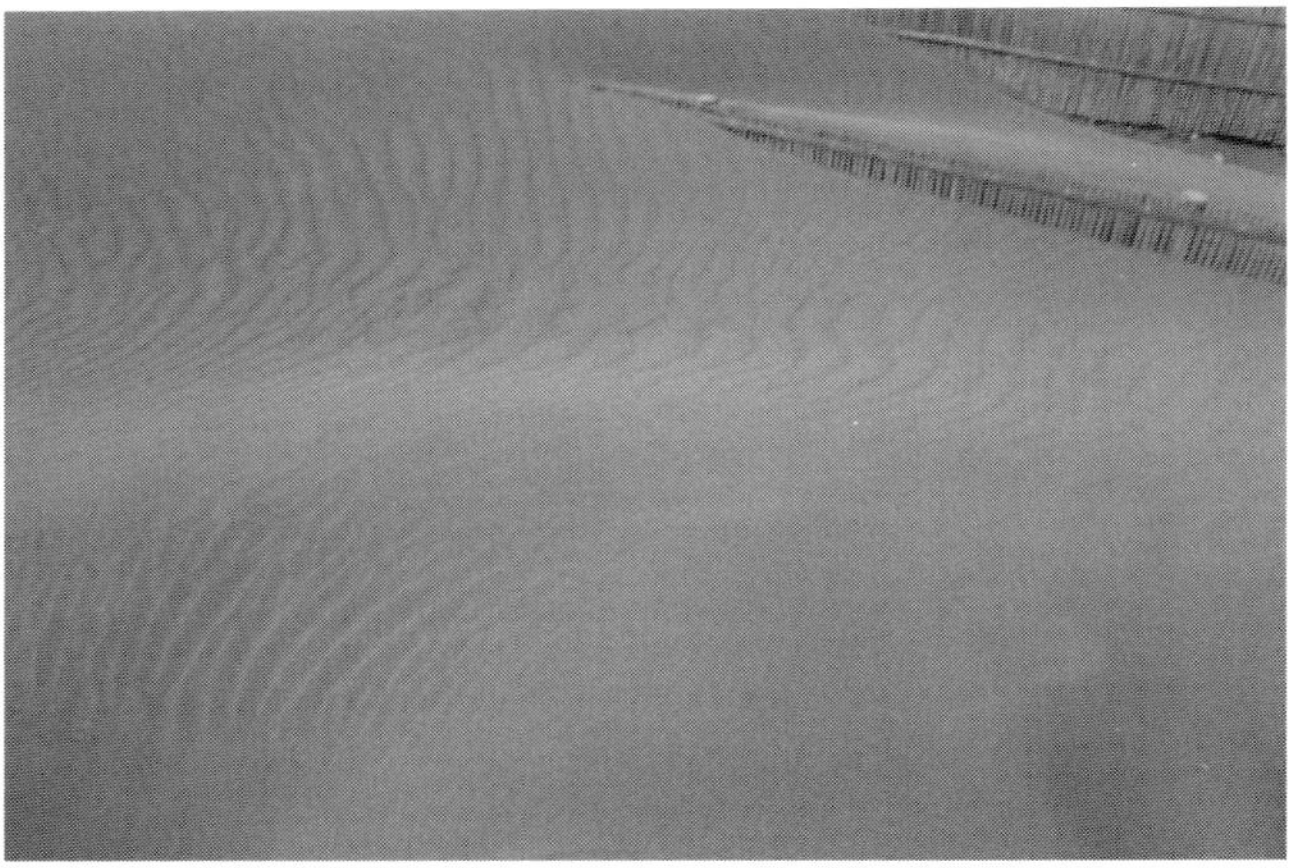

乾燥生成
風化散逸

左官の手になる塗り壁は、風によって生まれる。水で捏ねられたものは風の中で乾き、固着し、形となり、風の中をながらえてやがて風化散逸する。傷つき、崩れ、散逸し、消えていくものはいとおしい。いとおしいものから生まれた塗り壁の景色は殺風景ではない。

空《くう》

空なるものによって
ものみなは存在し
空なるものによって
存在は風景となる

左官の手になる塗り壁は、空の下にあるときかぎりなく美しい。露天の下で風雨にあらわれ、陽の光にさらされて塗り壁は自然というおのれのアドレスに帰り、安らう。

土壁に映る影はやわらかく、漆喰の白壁に映る影はくっきりと、木洩れ陽はわれわれを夢幻へとさそう。

図１　塗り壁風景生成図

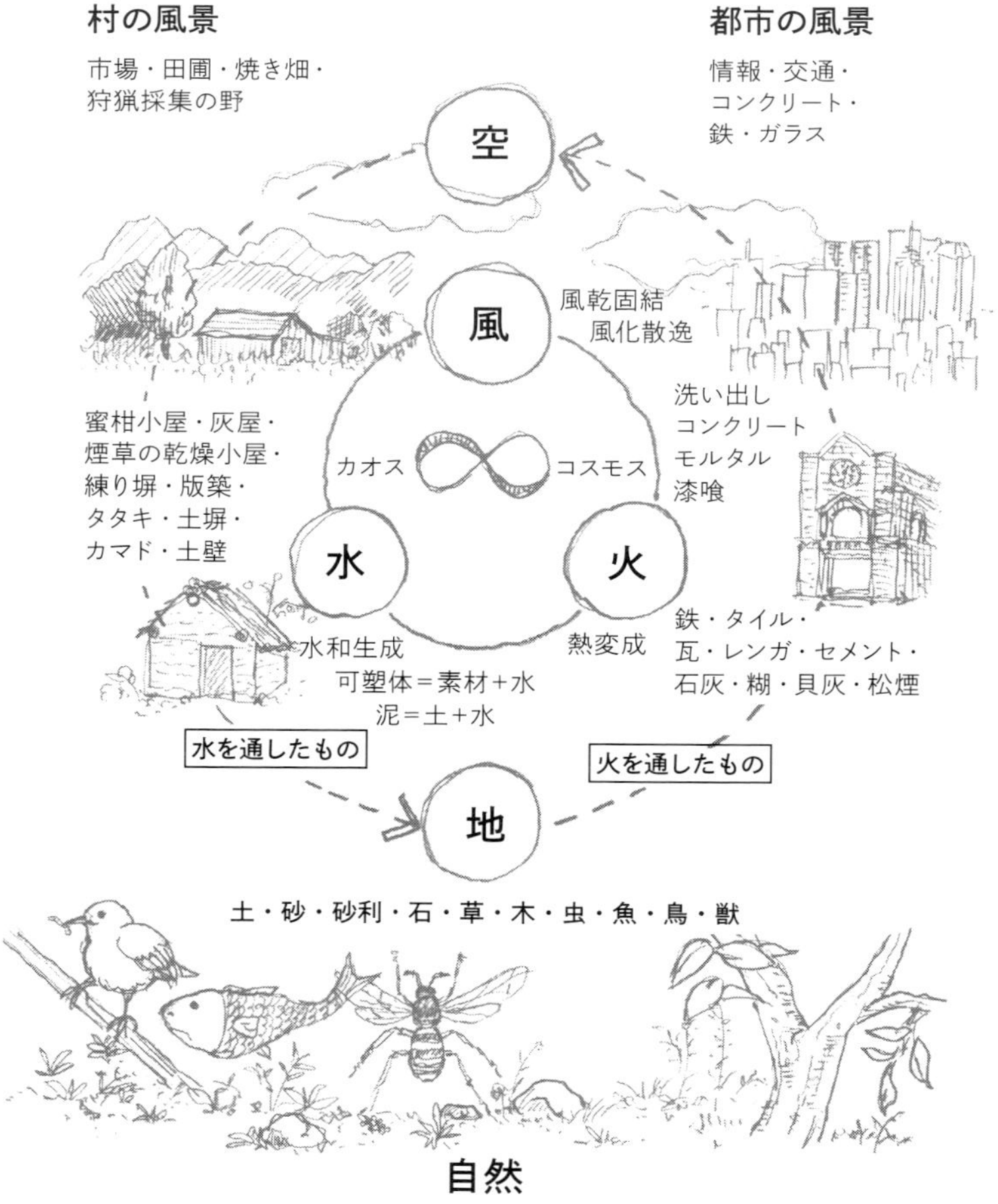

図／横川倫子

行の巻

塗り壁のはじまりの風景

朽ちた土壁の風景（奈良・山の辺の道）

塗り壁　はじまりの風景

①灰屋（兵庫・丹波篠山）
②田小屋（奈良・山の辺の道）
③版築納屋（奈良・天理）
④蜜柑小屋（愛媛・松山）
⑤灰屋（兵庫・丹波篠山）
⑥蜜柑小屋（愛媛・砥部）
⑦灰屋（岡山・吉備）
⑧版築の田小屋（奈良・桜井）

⑨漆喰を塗った泥石積み塀（山口・祝島）
⑩せいろ蔵（長野・茅野）
⑪煙草の乾燥小屋（栃木・益子）
⑫割石泥積み塀（高知・安芸）
⑬泥小屋（奈良・山の辺の道）
⑭日干しレンガ小屋（岡山・吉備）
⑮蜜柑小屋（大分・津久見）
⑯まくら積み土塀（奈良・三輪）

益子の煙草の乾燥小屋

焼物で知られる益子の近辺はかつて煙草の産地であった。いまは使用されていないが、泥塗りの小屋根のある特有の形をした煙草の乾燥小屋がいまでも見られる。

煙草には、かつてキセルで吸っていたきざみ煙草用のダルマ葉という種類とは別に、紙巻煙草用のヴァージニア葉という黄色種があって、この黄色種の煙草葉は、火熱乾燥することで甘い香りを熟成する。煙草農家はこの熱乾燥のための小屋をそれぞれ煙草畑に建てた。乾燥小屋は専売公社が定めた形式で木舞泥壁の大壁塗りで手軽につくられた。

煙草乾燥小屋の壁は荒壁をていねいに塗った仕上げ程度の雑なもので、その土地の土の色がそのまま表にあらわれている。益子では黄土色の土が塗られていて、まわりの草木の緑に映えて美しいものである。

この煙草の乾燥小屋は、全国各地につくられていて、三河の赤土、吉備の黄土など、それぞれの土地の土の色がそのままローカルカラーとしてあらわれていておもしろい。

伊予の蜜柑小屋

愛媛の松山から砥部焼で知られる砥部にゆく途中、山々の蜜柑畑に黄土色の泥小屋がみられる。この泥小屋は収穫した蜜柑の貯蔵小屋として昭和30年頃まで蜜柑農家がつくっていた。蜜柑小屋の骨組みは大工の手でおこなわれたが、木舞と塗りごめの壁や天井はすべて農家の手でおこなわれ、荒壁の上にはヨドヤが左官の手で塗られた。ヨドヤは、地場の荒壁土に肥料用の生石灰を2～3割混ぜたもので、土壁の補強になっている。

緑の蜜柑山にポツポツと浮かんだ黄土色の泥小屋は、蜜柑畑の景色を美しいものにしている。

三河の三州たたき

愛知の岡崎から豊橋にかけて、野や山には珪酸質に富んだ風化花崗岩の砂利土が広がっている。この砂利土を三河地方ではサバ土と呼ぶ。色によって、赤サバ、黄サバ、白サバと呼びわけられている。このサバ土と生石灰（肥料用）をにがり水で混ぜ、土間をたたきしめたのが三州たたきである。井戸ゴエ（井戸側）や柱の基礎、へっつい、肥だめなどにも使われた。

八ヶ岳山麓のせいろ蔵

長野と山梨の八ヶ岳周辺にはせいろ蔵といって、板蔵に泥を塗った土蔵がある。

せいろ蔵は名前のとおり、米を蒸すせいろのようにあいがきした厚い板（唐松か栗）をログハウスのように積みあげた板蔵に木クギを4～5センチ間隔に全面に打ち、それに木舞縄を千鳥に掛け、泥を打ち、厚く塗って土蔵風に仕上げたものである。

このせいろ蔵の大きなものには、太い柱に溝を彫り、厚い板を落とし込んだ落板式のものもある。

これらの蔵はいずれも厚く泥を塗り、その上に漆喰で仕上げているので、外見上はふつうの土蔵に見えるが、窓が本物の土蔵と違って大きくとれないので、小さな窓のものはせいろ蔵であるとわかる。

この厚板を組んだだけの板倉は正倉院にも見られる古いものだが、その板倉に泥を塗って土蔵にしたものは長野や山梨などの山間部の寒冷地にのみ見られる。山人の工夫発明であろうか。

遠州掛川の葛壁

葛壁は、葛布の原料である葛の蔓の繊維から採った葛苧《くずお》のうち、葛布に織れないクズ糸を4～5ミリに裁ったものを、コンニャク糊で練り合わせて塗った壁である。

葛壁は東海道の宿場町として栄えた掛川の名産品である葛布の副産物として、掛川地方で昭和30年頃まで料亭や民家の座敷の壁に塗られたが、葛布と運命をともにして消えてしまった。上品なつやのある藍や紅花で染めた葛布の裁ちクズから生まれた葛壁は、今は昔の晴れの壁であった。

安芸の灰屋《はいや》

広島から三次《みよし》にゆく芸備線の車窓から山峡の田圃を見ていると、泥石積みに赤い瓦屋根の不思議な小屋が目にとまる。

安芸地方で灰屋というこの小屋は、まだ化学肥料が普及していない昭和30年代に藁灰や堆肥をつくるために農民の手で建てられたものだという。

畑や田圃を開墾したときに出た石を地場の赤土や黄土で積み上げた厚い壁に古材で小屋組みし、使い古した赤瓦で屋根を葺いただけのシンプルなもの。必要に迫られてその場で手に入る素材でなりゆきまかせにつくられたものの みがもつおおらかな建物である。こうした小屋は、丹波篠山や奈良の山の辺の道等にも残っていて田圃の風景を魅力的にしていたが、いまは見られなくなってしまった。

長崎外海のド・ロ壁

長崎から車で約1時間。西彼杵《にしそのぎ》半島を東シナ海に沿って走っていくと、外海《そとめ》の町がある。この美しい入江を抱いた淋しい漁師町に、明治の初め一人の宣教師がフランスからやってきた。ド・ロ神父である。フランスで医学や建築を学んでいたド・ロ神父は長崎の大浦天主堂の建築に協力したあと、外海に自分の設計した出津《しつ》教会を建てた。まわりには貧しい漁民の自助のためにマカロニ工場やイワシ網の工場をもつ救助院を木骨レンガで建て、一部の壁や塀には裏山にころがる黒っぽい結晶片岩を赤土入りの砂漆喰を目地にして積んだ。この工法はド・ロ壁と呼ばれて外海の漁民の納屋の壁にも取り入れられ、入江の集落を雨風から守っただけでなく、外海の美しい風景の一部となった。

小豆島の猪《し》鹿《し》垣

瀬戸内の小豆島にはいまでも風化した猪鹿垣が残っている。猪鹿垣は、畑の作物を猪や鹿等の野生の動物から守るためにつくられたもの。これはひとと獣が共生するための工夫でもあった。ひとが来る前から住んでいた猪を絶滅することなく、狭い島の中で一緒に生きるためのやさしい工夫であった。

小豆島の猪鹿垣は地場の割石を積んだものと花崗岩の島である小豆島の山土を使って版築でつくったものと二つある。マサ土で版築した猪鹿垣は江戸時代のもので、いまでも残っている。

常滑の蓑《みの》壁

日本七古窯で知られる常滑の路地を歩いていると古い民家の壁に蓑壁があった。国際空港が出来たいまの常滑にはもう見ることができないが、この蓑壁は木舞泥壁を海辺の荒い雨風から守るために荒壁の上に葉つきのヨシをスダレに編んで貼り付けたもので、軒下の土壁をおおい隠していた。

ナマコ壁や漆喰が庶民のものでなかった時代、海辺の雨風の強いところではふつうに見られた光景であったと思われる。はるか遠い昔の縄文の草壁の名残といえようか。

草の巻

内なる風景としての塗り壁

素朴な壁（香川の砂糖しめ小屋）

内なる風景としての塗り壁

内なる風景がある。われわれが対象化して眺めた風景ではなく、われわれの内なる記憶や感情が呼び出されるような風景である。それはかけがえのないたった一つの私の記憶の中の風景である。かけがえのないものはいとおしく、それは情けある風景となる。

われわれは、そんな内なる風景を塗り壁の中に見い出すことがしばしばである。塗り壁は、建築を構成し空間を隔てる機能的な一部位であるばかりではなく、それを越えた何者かである。いわば、塗り壁は壁であって壁以上のものである。

そこに、塗り壁が建築の風景の中にありながら、つねに内なる風景となりうる根拠がある。

コンクリートと鉄とガラスの建築は殺風景な外なる風景にすぎないが、塗り壁は内なる風景としてわれわれの記憶をきざみ、有情のものとしてわれわれの心の中に生き続ける。

土壁には土壁の内なる風景があり、漆喰には漆喰の内なる風景があり、大津には大津の風景があり、洗い出しには洗い出しの、掻き落としには掻き落としの壁の内なる風景がある。それらの壁から生まれる景色がわれわれの内なる風景となる。

この塗り壁の生み出す内なる風景の余情のゆえに、かつて左官は誰もが風景の表現者であった。

熟練左官職人と語る

鼎談　渡辺真左志×薩田英男×小林澄夫

最終号となる今回は、かつて久住章氏が呼びかけた左官技術集団「花咲か団」に、前身の「水土クラフトユニオン」から参加し、職人の技を集約した南紀白浜の「ホテル川久」で現場を仕切った渡辺真左志さん、渡辺さんの仕事に惚れ込む建築家の薩田英男さん、小林編集長の鼎談を掲載します。

小林：渡辺さんが左官になったきっかけは。

渡辺：親父がレンガ職人でした。戦争から帰ってきて、中央線のトンネル工事とか、東京駅も積んだって話を聞いたことがある。でもレンガ工事ばかりは無いからタイル職人もやっていて。俺は3人兄弟の2番目で、兄貴が親父の跡を継いだから「じゃあ俺は左官の方に行く」と。

小林：それで、もう50年以上左官をしているんですね。独立してから久住さんたちと一緒にやってきたけど、地元で師匠みたいな人はいたんですか。

渡辺：師匠はいないですね。親父がレンガのほかにタイルを張ったり左官をしていたのを、見よう見まねで覚えた。だから何でもできるというか。うちの地域はタイルも左官も、あわよくば吹付けもするという人ばっかりだから。

小林澄夫（右）
『左官読本』編集長。1943年静岡県生まれ。1968年から2007年まで月刊『左官教室』（黒潮社）を編集。2008年から2009年まで月刊『さかん』編集長。

渡辺真左志（中）
1949年山梨県生まれ。左官職人歴52年。千葉船橋の徳田邸や鎌倉宗遍流の茶室、「ホテル川久」等の花咲か団の活動に主体的に参加し、建築から忘れ去られた左官塗り壁の復活に尽力。

薩田英男（左）
1955年北海道生まれ。建築家・一級建築士。薩田建築スタジオ主宰。

小林：富士吉田ではどんな仕事をやっていたんですか？

渡辺：俺が高校を出た頃には漆喰工事は廃れていたから、ほとんど石膏プラスター。その前は木摺小舞に漆喰を塗って、麻のトンボを打って、何日か置いて、砂漆喰こすって、中塗りして、漆喰上塗りを掛ける。そういうことをしていたんだよ。その後、繊維壁がどんどん多くなって。早く塗らないといけないから手は早かったよ。それから袋ものの京壁が出てきたけど、それは偽物じゃないですか。聚楽はやっぱり京都が本物だから、一度は京都で本物をやってみたいと思うようになりましたね。

小林：じゃあ、桂離宮の仕事は印象に残っているんじゃないですか。

渡辺：何にもわからないで鎌倉の宗遍流の茶室に入って土ものをやって、そこが終わる頃に桂離宮に入ったのかな。桂離宮は普通は京都の左官組合の人以外は入れない。だけど郡司さんの親方・卯田（惣次）さんが「いいよ、お前も入れてやる」と言って。だから外から入ったのは俺がいちばん最初なんだよ。

小林：その時はどんな仕事を？

渡辺：桂離宮は、外腰掛けと月波楼。卯田さんのおじいさんがまだ生きていて、こうするんだよと教えてくれた。

小林：やっぱり桂離宮の仕事は難しかったですか。

渡辺：まあ、聚楽を塗るというのはピリピリした感じ。漆喰とは全然違う感じでしたね。

小林：ホテル川久は、どうでしたか。職人が手を掛けてつくった最後の建物だと思うけど、現場で仕事を仕切ったのは渡辺さんですよね。久住さんも指示はしていたと思うけど。

渡辺：ホテル川久は、左官として最高レベルの仕事。時間も手間も掛けたし、いろいろな経験もしました。全国の良い職人を集めてやった仕事だから、もう二度とああいう仕事は無いんじゃないかな。やりたいことができて、自分としてはいちばんいい時代だったんじゃないかと思う。

薩田：職人の世界って厳しい師弟関係があるじゃないですか。左官も当然そうだったところを、花咲か団（＊）という新しい左官技術をみんなでやるぞという自由な職人集団が現れた。他の職方では見られないんじゃないですか。

渡辺：大工さんじゃ、そういうのはないだろうね。うちらは個々に集まってきてやっていた集団だから。

薩田：渡辺さんが職長として、それをまとめていたわけでしょう。

渡辺：たまたま年上だったからかも知れないけど。今でも声を掛けるとみんな応えてくれるし、来いよって言えば来てくれるし、それは本当にうれしいこと。左官は本来地元にいて、地元のものを使って仕事をする。地元で取れた土と苆を練って、塗る。それをずっと地元でしてきた人たちに教わって技術をつなげていく。その枠を広げていったのが久住さんであり、花咲か団なんですよね。地域の素材をどうにかして使えるようにしようとか、表現をどういう風にしようかとか。そこまでは個人じゃできないですからね。

薩田：珪藻土なんて、そういう実験から始まって商品化までしたわけでしょう。

渡辺：「いい素材があるんだけど使えませんか？」と大阪ガスの人（宮越明彦氏）が持って来たわけ。でも珪藻土自体は固まらないから、左官材料としては使えない。炭素繊維や糊を混ぜて何とか使えるようにして、ホテル川久で大々的に使いました。臭いを全部吸収してくれるから、トイレには厚さ50ミリぐらい塗りましたね。

小林：薩田さんと渡辺さんが一緒にしたのは、どんな仕事ですか。

薩田：最初が、富士の家（静岡県富士市）ですね。小林さんから地元の左官屋さんを活用してこそ設計だと言われていたので、「確か富士吉田に渡辺さんって居たよね？」と言ったら、「富士吉田から富士宮近くまで行くには、ぐるっと富士山を回らないといけないから、そんなに近くないぞ」と（笑）。でも渡辺さんは、ハーレーダビッドソンで富

＊花咲か団……1980年代、住宅の壁がクロスに替わり、ビル建築の左官仕事が仕上げから下地塗りになって、左官の名が建築から消えていこうとする時、久住章氏が伝統の素材と技術を生かした新しい左官の壁を広めようと全国の有志の左官職に呼びかけて始まった自由で開かれた現場の左官学校が始まり。左官塗り壁を愛する建築家の協力のもとに、ホテル、学校、美術館、個人住宅等に左官塗り壁を取り戻した。

士山を越えて来てくれた。コストもあって全部を左官の壁にはできないけれど、華やかさと落ち着きのある空間をつくるために、家の中心に左官の奥行きと質感を感じられる衝立壁を塗ってもらったんです。施主さんの家族会議で緑色に決まっていたんだけど、渡辺さんが一言「この家には赤が合う」と言ったんですよ。

渡辺：家の中に入った時に、「この壁はこんな色がいい」というのが直感的に見えるんですよ。

薩田：「ダメだったら塗り直してやるから」って。これは設計者には言えない（笑）。その言葉に奥さんも背中を押されて、実際に赤を塗ったら大変喜んでくれました。左官の壁を図面に入れ込むことが無理だと思っていた時に小林さんに出会って、「左官に直接頼めばやってくれるよ」と教えてもらった。それから建築の表現がすごく広がったと思っているんです。だから小林さんから渡辺さんを紹介してもらい、一緒に仕事ができることに感謝しています。

小林：薩田さんは建築家として、左官の今後をどう考えますか。

薩田：僕は左官をモダンなものにしたいという気持ちがある。例えば、ベネチアの伝統的な建築を見ると、すごく奥行き感があるんです。現代建築って写真映えはするけど実際に行ってみると「何だこれ？」というのが結構あるけれど、本物の現代建築ってイタリアのカルロ・スカルパみたいに、伝統に根ざしたモダンだと思う。それは左官があって初めて成り立っている。やっぱり奥行き感や皮膚感をつくれるのは左官なんじゃないですか。

小林：これから左官はどうなっていくと思いますか。

渡辺：伝統的なものはもちろん残って行くと思うよ。それから、いま若い人がやっているように、左官自身が新しいものをつくり出していかないと、メーカーの手先というか、単なる職人になっちゃうような気がします。

薩田：僕はね、榎本（新吉）さんが考えた光る泥だんご。あれは確実に左官の技術だけど、子どもたちが自然の素材を使って自分でつくって楽しむことができる。左官の方がそういうワークショップで、何かを伝えられるんじゃゃないかと。宮城で幼稚園をつくった時に、子どもたちに食品トレイに思い出のものを埋め込んでもらって、それを渡辺さんのセンスで配置してもらって、一つの壁にしたんです。単に職人が良い壁をつくるんじゃなくて、みんなの思いを込めた壁として仕上げた。教育的な意味でも、そういうことをできるのは左官ならではですよね。

小林：左官が入れば、素材が自由になるというか、全然違ってくるからね。子どもたちにとってもおもしろいよね。

薩田：土の素材を触って、濡れたものが固まって、壁として現れる。そういう体験をさせてあげられるから、左官にはもう少し教育的な世界もあるんじゃないかと。それから、先日フランスで建築家のワークショップに参加したら、教会の塀を市民が直していたんです。ちょっとした壁ならみんなで塗って、昼にシードルでも飲んでさ。左官の裾野を広げるという意味で、本物を知っている左官が市民に簡単な技術を伝えることも必要かなと思うんですよ。

渡辺：日本はそういうのが非常にうるさいからなあ。安全のためにヘルメットかぶれとかね（笑）。

薩田：もう一つ、フランスでは、歴史的建造物じゃない農家の蔵とか民家はみんなで直すんです。

渡辺：日本で蔵をつくったり修繕する時もそうなんだよ。地域の人を集めて泥だんごをつくってもらわないといけない。そうしないと地域がまとまっていかないしね。

薩田：地域の景観を自分たちで守るということですね。農家とか蔵とか、そういうものが景観だよね。でも直す職人もいない、金もない、素材もないとなると景観が維持できない。美しい農村の風景は名も無い建築の集積だから。

渡辺：アメリカやイタリアでは、外観は直しちゃいけないから、室内を自分で直して暮らしているよね。日本はダメになるまで放っておくけれど。

薩田：直して住む、古いものを生かすということがもう少し日本で増えてくると、左官の未来にもつながりますよね。建築物が残っていれば必ず直す人が必要だし、直すのは地元の職人さんたちだし。

渡辺：左官の壁なら、土壁はダメになったら塗り直せばいいし、同じ素材がまた使えるしね。

小林：若い左官には、どんなことを期待しますか。

渡辺：左官をめざすなら、高校出てすぐとかできるだけ早くから携わって欲しい。僕らの時代は塗るところがいっぱいあったから、若いうちは目立たない押入れを塗って、塗れるようになったら廊下まわりを塗らせてもらったり。でも今の若い人はそれができない。いきなり薄塗りをしているから、厚い壁を平らに塗れと言われても難しい。だから早いうちからたくさん練習して欲しい。

小林：渡辺さんの息子さん二人も、左官になりましたね。

渡辺：息子には「左官を本当にやりたかったらやってもいいけど、生半可な気持ちならやらないでくれ」と言った。次男は「時間の無駄だから、高校行かないで左官になる」と言って、長男は工業高校の建築科を出てから「親父のところで働く」と。小さい時から現場を見せていたから左官になりたいと思ったのかもしれないね。淡路にも兄弟だけで見に行ったり、小学5年生くらいで久住さんとドイツに行かせたこともあったし。

薩田：渡辺さんは独創的な表現ができる左官屋さんだと思うんです。自分を表現しようとする左官もいるけれど、独創的な表現と自己表現は違う。渡辺さんの仕事は独創的だから、若い人が憧れるんだと思う。

小林：漆喰や泥の時代から地道に塗る仕事をやってきたから、プラスの表現ができるのでしょうね。今の若い人はいきなりすごい壁を求めちゃうけど、それ自体がおかしい。プラスの何かを生み出すのが難しい状況だから、ある意味かわいそうなところもありますよね。

渡辺：だから現場から帰ったら練習しないと。左官はおもしろいよ。技術が高まれば高まるほど、可能性が開かれていくから。

左官読本　第10号　塗り壁のある風景

2018年2月20日発行

発行人	山下武秀
編集長	小林澄夫
編集スタッフ	上野裕子・田村恵子（PEAKS）／森清耕一
編集協力	薩田英男（薩田建築スタジオ） 横川倫子（青空舎）
アートディレクション&デザイン	鈴木佳代子
営業（広告・販売）	渡辺太郎／秋田香里／万年真司
印刷所	モリモト印刷
発行所	風土社 〒101-0065 東京都千代田区西神田1-3-6 UETAKEビル3F TEL: 03-5281-9537 http://www.fudosha.com/ 風土社　Printed in Japan

左官を考える会　news & information

●「第11回左官講習会　岐阜講習」
＊日程　2018年6月2日（土）～3日（日）
＊場所　岐阜県内
詳しくは公式サイトをご覧ください。

公式サイトができました。
http://thinksakan.com/

編集後記

土蔵から始めた『左官読本』も最終回となった。これらの10の話が懐の深い左官の仕事を語り尽くせたか心もとないが、左官塗り壁への正しい理解と愛を広めることに貢献できたなら望外の幸せである。この企画出版のきっかけとなった「左官を考える会」の方々、㈱風土社、編集していただいた㈱PEAKSに心よりの謝意を述べたい。（小林）